【ミクコンセプト】

思考は思考をもたらす

思考は人生のすべてを支配します

際限なく閉じ込められた

Miku Suzuki

Buddha töten

Meditationen, Erzählungen, Gedichte, Koans, Erleuchtungen, Kontemplationen, Selbsterfahrungen und Aphorismen zu Zen Buddhismus, Zazen, Samadhi, Ikigai, Bodhi, Karma, Wabi Sabi, Selbstfindung, Selbstsucht und Buddhas.

Bibliografische Information der Deutschen
Nationalbibliothek: Die Deutsche
Nationalbibliothek verzeichnet diese Publikation in
der Deutschen Nationalbibliografie; detaillierte
bibliografische Daten sind im Internet
über dnb.dnb.de abrufbar.

Herstellung und Verlag:

BoD – Books on Demand, Norderstedt

ISBN: 9783753417578

Die Tage

1. Die Tage

Die Tage sind vergangen und ich war nicht immer glücklich. Jahrelang war ich mit den Wünschen der Buddhas um mich herum vertraut und hoffte, sie aufnehmen zu können und trotzdem an sie zu denken. Buddhas mit Herz und gut gemeinten Freuden taten mir gut, und es war die ganz neue Geschichte, über die ich nachdenken konnte, oder noch mehr, über die ich nachdenken musste. Immer eine neue Geschichte, die alten Geschichten, neue Erfahrungen und Ergebnisse gab es nicht oder wenn, dann nur in meinem Kopf. Trinken und Essen bleibt, ist gut und hat und bringt schnell Ruhe. So gesehen und geglaubt an neue Geschichten, immer wieder geglaubt. Der Gedanke, der mich gebissen hat, hat scharfe Zähne, die Wunde im Gehirn blutet nicht. Wir wollen mehr schöne Geschichten machen. Albträume brauchen keine Unterstützung. Und die Tage sind vergangen und ein neuer Tag ist wieder da. Die Zeit hat mich und das ist auch gut so. Ich bin gefangen in den Lügen der Geschichten und ich bleibe in der Meditation und vielleicht liebe ich es gerade deshalb. Bist du ich oder bin ich nur ich in dieser Geschichte? Ich will es mir nicht leichtmachen, morgen wird es anders sein als heute und es stellt sich die Frage, was bleibt. Es ist egal, denn alles ist immer neu und die kleinen Teile der Gegenwart, die wahrgenommen werden, leuchten anders als andere, vor allem die guten. Glücklich, das ist ein tausendfacher Anfang für alle Geschichten. Finden und ausprobieren. Am Anfang war da der Schmerz, der sich in meinen Kopf bohrte und auch lustig war. Wer konnte es mir verübeln, dass ich nicht redselig war und auch an die Erleuchtung dachte? Das Schlimmste war, zuzuhören, zu nicken und so zu tun, als würde man verstehen. Dem anderen etwas Gutes tun, ihm vorgaukeln, dass man einen Freund gefunden hat, ihm das Gefühl geben, gut aufgehoben zu sein, und selbst verrückt werden. Eine ständige Lüge, es gibt kein Ende, wenn man in sich selbst gefangen ist. Die Verabschiedung vom Sinn ist besonders tröstlich.

2. Wohlhabend

Wohlhabend und doch außer sich, nutzte der Buddha das Schicksal als Ausrede. Inspiriert von schönen Idealen, wurde der nächste Sinn erkannt und richtig poliert, man muss glänzen und das ist ein Ziel. Aus den ersten jungen Gedanken ist ein starker Baum geworden, der bereits Früchte trägt. Vielleicht ist es der Unsinn, der einen am Leben erhält, der einem den Geschmack gibt und uns hilft zu überleben. Wohlhabend, der Buddha in dir und dein Schicksal, alles glänzt und produziert Fett, wenn es gedüngt wird. Die Erde ertrinkt und die künstliche Abstinenz wird zum Bestandteil dieser idealisierten Welt. Das macht Sinn. Der kurze Satz des Wesentlichen ist auf den Tod abgekürzt, es ist vollbracht, die Hände sind verbunden, das Lachen hängt und die Traurigen haben recht, was ist es noch mal, hast du mich oder was ist oder lehnen wir es ab? Die Trauer wird kürzer, der Satz ist fertig und die Klugen machen einen schönen Reim daraus, der Tag hat einen Ton, die Nachtangst bleibt.

3. Meine Haltung

Meine Haltung wurde immer entspannter, die Schultern sackten ab und ich konnte das andere Leben, die andere Sonne und die guten Mönche bewundern. Der kahle Kopf spiegelte die ganze Welt wider und die Nase drehte sich gegen den Wind. An welchem Tag habe ich mir nicht eine besonders schöne Brille gekauft, um meine Haltung zu bewahren? Die Sonnen erhellen mein anderes Leben und ich bin in das Erwachen verliebt. Schauen Sie in die nahe Zukunft, wenn Sie aufgewachsen sind. Haben Sie gut gearbeitet? Dann müssen Sie glücklich geworden sein. Das Einatmen ließ uns innehalten. Schwere Dämpfe vernebeln unser Hirn. Der Verlust nimmt mich in Beschlag. Außergewöhnliche Tage treffen mich. Die Krise ist schön. Ich bin betrunken. Jeder versteht die Vergangenheit. Die Zukunft bleibt - Tage und Abende vergehen.

4. Alles

Alles, was ist - ist nicht wahr für mich - und hat
nichts ausgesagt - was nicht vorhanden ist - wir
fragen und haben eins - und wir ahnen - es ist nicht
im Ich - ich bin allmählich im Ist - der Tag ist müde
und ich bin nicht da - und mein Geist ist nicht
mehr da - er ist nur noch im Gehirn verschwendet -
und alles ist so gut - es ist genau so, wie man denkt
- und der Tag ist wieder verschwendet - berühmt
aussehen - mit Lob in die Meditation kriechen - die
Zukunft ist anders - wir haben gewonnen und
haben doch nichts - dann war es Nacht - der
berühmte Blick ist anders geworden - die Nacht ist
nicht immer anders - wollen und haben - die Schrift
ist kleiner geworden - und es gibt so viel zu lesen -
gut gemacht und in der Hand verloren - alles ist
Unsinn - versuche nichts zu verstehen - geh nach
Hause und sei die Nacht.

Der Zahn

5. Der Zahn

Der Zahn der Zeit nagt an meinem Bewusstsein, ich hoffe auf ein erhellendes Unterbewusstsein und schaue auf einen günstigen Moment, ich will wissen, was auf uns zukommt und das wird natürlich nur mir etwas bedeuten. Das Essen schmeckt sehr nach einem gebrauchten Handtuch in einer öffentlichen Toilette, der Zahn ist voller Löcher und die übertriebenen Gedanken an das Zen-Theater haben keine Zukunft. Die Spender waren immer nett zu mir, bis sie aufhörten zu spenden. Ich hatte mich jahrelang gefragt, warum? War es eine Wiederentdeckung einer anderen Bewusstseinsebene? Der Zahn der Zeit nagt noch immer und die Wurzel ist gebrochen. Das Vertrauen in den neuen Wahnsinn hört auf, das Alte hat nichts und das Neue schmeckt langweilig und abgestanden, erklärt es immer wieder und lässt den Magen hängen und will dazugehören. Triff den Schmerz und du bist dabei, ein guter Witz, nichts zum Lachen, aber doch ein Witz der Hoffnungslosen. Abends trank ich noch schnell ein Glas Schnaps, damit ich den Buddha deutlich sehen konnte, und die Guten Meister waren auch da und gaben Erklärungen zu den wichtigsten Punkten ihrer Weltanschauung. Mir wurde so schlecht wie noch nie. Ohne Geschichten macht das Menschsein keinen Spaß. Und die Meister redeten und gestikulierten und ließen die Vergangenheit wiederaufleben. So vergingen die Stunden, die Tage und die Jahre und das ganze Leben. Nichts wurde wirklich angegriffen, warum sollte ich auch? Gib mir einen Kuss. Die Nacht ist angebrochen, die Kerzen leuchten bis ins Unendliche, wir sitzen still und zufrieden vor dem Buddha und danken dem Meister für den stressigen Tag. Jeder denkt an sein eigenes zukünftiges Glück oder hoffentlich an ein paar glückliche Stunden. Ein paar dunkle Gestalten kämpfen sich durch die Dunkelheit und erscheinen schwarz, die Dunkelheit treibt die Vergessenen aus den Schlupflöchern, sind auch sie auf der Suche nach dem Glück oder sind es unsere Phantasien, die im Dunkeln treiben. Sie haben einen Glücksbringer in der Hand, wenn der Tag vorbei ist, wird er dienen. Oder sind Sie schon perfekt?

6.   Guter Sonntag

Guter Sonntag, bring mir einen verbotenen Hasenbraten und rede mit mir. Wir lachen über andere Menschen auf der Straße und nehmen einander nicht wirklich wahr. Aufmerksamkeit ist das Zauberwort und Liebe ist das nächste, Liebe für das Für und vielleicht das Wider. Immer soll der Sinn gemein und erfolglos sein. Das Selbstlose ist zu schwierig, schwierig und schwierig oder etwas Anderes. Ein guter Buddha-Braten am Sonntag, Semmelknödel schmecken dazu, Mönche sind glücklich und essen sich mutig bis zum Nachtisch durch. Was ist schwierig und was ist gefühlvoll, was ist kurz und was ist mutig? Und die Tempelglocken läuten.

Besonders heute

7. Besonders heute

Besonders heute hörte ich wieder Stimmen aus dem Himmel, sie wollten mir etwas sagen, ich weiß nicht was, es klang jedenfalls nicht sehr freundlich. Meine Konzentration hat in den letzten Jahren nachgelassen, zu viele Sätze haben meine Gehirnzellen herausgefordert und anscheinend sind auch einige von ihnen umgekommen, oder war es die schlechte Luft von der Straße oder bin ich gealtert? Seien Sie warmherzig und hoffen Sie wenigstens, dass Sie geliebt werden, damit Sie es endlich schaffen, die Flüche und Fremden zu ignorieren oder nicht. Alle sind Menschen, Kranke, Störenfriede, Mörder, Engel, Retter und Gedanken. Meistens, um sich an alles zu gewöhnen und tief in das Glas zu schauen. Zu tief.

8. Wenn ein

Wenn ein vulgärer Text gepfeffert ist oder Sie dazu
neigen, sich zurückzuziehen, lassen Sie sich
berühren oder befürchten Sie, dass es Ihnen gefällt.
Was ist mit dem Gewöhnlichen selbst, es offen
lieben und mit dem Sie zufrieden sind, ist es ein
Selbstzweck oder eine echte Befriedigung und sind
Sie es? Wie schmutzig kannst du sein, dass du dich
noch begehrst, was sind deine Grenzen in deiner
Phantasie und wie müde ist deine Aggressivität?
Eingeschnürt von der Sitte und gequält von der
Gesellschaft, wie bist du in deinem Kopf gefangen,
wie bist du ohne Einschränkung. Der Respekt ist
hoch und bleibt gut. Wenn wieder Kriege auf dich
zukommen, zeig dich und sag es uns. Und doch
verlierst du dich. Gute, tapfere Äffchen legen sich
übermorgen in deine Hoffnung auf einen besseren
Tag und richten Ihre Aufmerksamkeit auf das
Wesentliche. Wir glauben und rechnen mit
unbeschreiblichem Unbehagen an übermorgen und
malen uns ein Bild von der Unruhe, die wir mögen
oder sogar hoffen zu lieben, und sogar nur eine
Hoffnung, zu lieben und zu kämpfen wie ein Tier,
und wir und die Affen zupfen und klatschen und
leben und sie wollen nicht mehr gehen.

9. Im Norden

Im Norden liegt die Kälte, im Süden brennt die Sonne den Tag kaputt, es gibt einen Ring für die Hand und bald hat der gute Mensch nichts mehr zu sagen. Und warum? Er tut es so gern und kann sein Leben in Ruhe genießen, die Freude trinken und alles wegstecken. Es ist ein Glück, dass es Buddhas gibt, die einem helfen, schwach zu sein, die einem helfen, sich schnell zurückzuziehen. Mütter helfen, Väter ersticken, Kinder schreien und das Wasser plätschert, immer eine Beziehung, die uns gefällt, immer ein Tag wie jeder andere. Danken Sie die Erleuchteten und finden Sie den Sinn oder haben Sie genug von all dem Sinn, der Kühnheit, den Sprüchen, den Aphorismen, den heiligen Lehren. Das Nest ist leer.

10. Der Gruß

Der Gruß glitt mir ins Gesicht, die Hintergedanken einer besseren Position ergriffen mich einfach, so konzentriert war ich schon lange nicht mehr und doch passierte nichts. Die Begrüßung ließ nach, ich schien etwas entspannter zu sein, ohne sich zu ergeben, die Hintergedanken waren vielleicht leicht zu erraten. Aber jeder war in seinen Gedanken und nichts geschah. Überzeugende, kluge Mönche erzählten von Reichtum und Zufriedenheit, die Anfänger lockerte die Schultern und glaubte für einen Moment daran. Schnell holte die Vergangenheit alle ein. Entrückung und Ausrutscher.

11. Die Hindernisse

Die Hindernisse werden immer größer, die Bauern züchten Vieh für den täglichen Gebrauch und die Erleuchteten beschweren sich über Geschichten aus den Klatschspalten. Die Frühlingssonne ist schon kräftig und wärmt die kalten Stellen in der Stadt, wenn auch nur kurz, und der Abend bricht schnell herein. Schnelle Fragen kommen von sehr klugen Leuten und müssen nicht beantwortet werden. Die Bauern sind gut genug, denn die Bettler und Entrückten gackern ohne Ende. Vorwürfe sind ein gutes Mittel, um die Sensiblen zu verärgern, die Sentimentalen zu zermalmen und die Starken zu schwächen. Taub zu sein ist einfach, man kann nichts hören. Getötet werden.

Es gibt Freunde

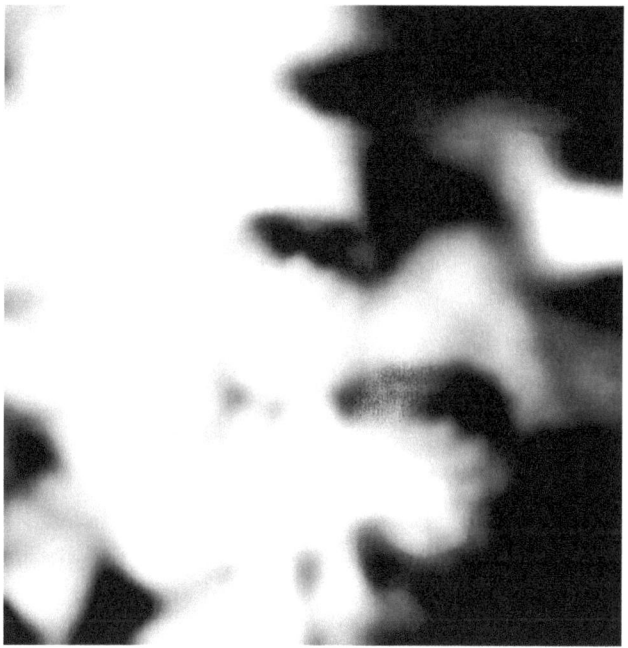

12. Es gib Freunde

Es gibt Freunde, die haben Spaß - dann gibt es
Hüte mit Sinn - Freunde schützen sich und sind
glücklich - die Menschen gehen schnell auf die
Straße - und jagen untertänig ihren Traumfreunden
hinterher - finden sich auf Inseln und sagen laut
Hallo - und bleiben und halten ihre Gedanken fest
- ohne Absicht - alles ist einfach passiert - und die
Freunde waren wieder verloren, kein sinnvoller
Gedanke blieb bei ihnen - die Hüte haben Sinn -
und sie haben auch keinen Sinn - die Freunde
haben manchmal einen Bart - und oft keinen Bart -
manche Freunde haben Bärte und andere tragen
selten Hüte - und die Straßen werden breiter - der
Verkehr wird schneller - wir hoffen auf eine Insel
in uns - mit oder ohne Gruß - und der Abend wird
wieder kommen - oder auch das Alter.

13. Der fruchtbare Boden

Der fruchtbare Boden wird vorbereitet, die Samen der morgigen Ernte werden tief in die Erde eingearbeitet. Und dann warten, warten, was morgen kommt, ob Schädlinge gekommen sind, ob die Früchte vor der Ernte von Dieben verschlungen werden oder ob alles nur ein Spiel ist. Ein Spiel, bei dem es darum geht, zu schauen und Spaß zu haben. Und das Bild wird immer unschärfer, schwammiger, verblasst oder hat sich aufgelöst und es gibt Rückstände, keiner will es wissen. Die Räume werden größer und die Menschen darin voluminöser, der Boden steriler und die Ernten reicher. Schädlinge haben den Gnadenstoß bekommen, was für eine Gnade! Der Wahnsinn im Kopf sieht aus wie Schmuck, die Diebe lachen irrsinnig in der Meditationshalle, auch nicht da sein, nichts gesagt haben, auch nicht in der Ewigkeit sein. Gut gekleidete menschliche Gastgeber nehmen intelligente Werkzeuge mit nach Hause, um zu glauben, dass das Geschäft florieren wird, weil jeder einen kleinen Buddha braucht, etwas Bildhaftes, einen Zauber, eine Magie. Alles geht wieder gut, die Spiele erweitern den Horizont und seltsamerweise ist der Ärger weg. Eine fruchtbare Welt des Geistes. Sonnenstrahlen schalten meine Gedanken ein, helle Momente schütteln kurz die Hand und reißen die Netze ab, Bäume und Sträucher blühen auf und mit ihnen eine ganze Ameisenkolonie. Es gibt jetzt genug zu essen, zu fressen, Fettreserven aufbauen auf dem ungenutzten Fett, das da ist. Wir glauben, dass es für alles irgendwo einen guten Ausweg gibt, heiliges Warten, Ihr Buddhas beschützt Sie. Unzählige Buddhas schwirren um Sie herum und wo verstecken sich die Illusionen, wer will noch eine gebären? Hoffentlich bist du nicht eine Illusion und was ist mit den Buddhas? Töte sie, immer wieder, ohne Ende. Die Sonnen leuchten in Ihrem Kopf und wärmen Ihre Haut, manche bekommen sogar Hoffnung und manche machen sich ganz schnell Sorgen. Die hellen Momente belohnen Sie. Dann kommen die großen Feste und eine gewisse Dankbarkeit, Fett und Tod. Oder alles wird gut.

Wieder Spaß

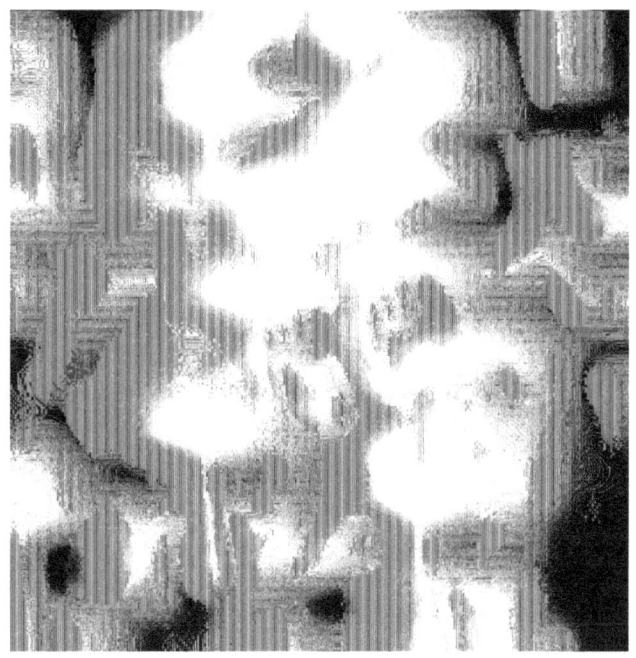

14. Wieder Spaß

Wieder Spaß haben und nicht davon loskommen -
feiern und essen müssen - was für ein wunderbares
Leben - gut gebuchte Stunden voller Spaß -
arbeiten und sich ein Vergnügen nach dem anderen
ausdenken - auf Freunde warten und fast einsam
sein - der Kopf ist gefüllt mit vertrauten Gedanken
- der Anfang kommt immer neu - nichts wird alt -
Ich habe alles gegessen und fühle mich schlecht -
und ich kann nicht aufhören, Spaß zu haben -
stundenlanges Kaufen von Vergnügen - wieder
Freunde finden - Arbeit macht viel Sinn - Selbst -
Vertrauen wird kultiviert - etwas könnte endlich
sein und morgen wird alles besser - geben Sie sich
viel Hilfe bei Ihren Gedanken - Essen macht
großen Spaß - und verzichten Sie schließlich. Lustig
dich gesehen haben - die Liebe ist schon heiß und
fast verkocht - und das Herz ist gut gepflegt - ich
vermisse und ich vermisse dich - es ist gut, dass du
mich hast - und du nimmst mich als Schmerz wahr
- was ist das für ein Strom - gerne gesehen und gut
gefühlt - komm zu etwas und dann hast du mich -
bin voller Triebe in der Meditation - suche den
Schmerz für ein ganzes Leben.

15. Die Wagemutigen

Die Wagemutigen gehen die kurzen Wege – sie schauen in die Herzen der Verfügbaren - wollen dich und mich benutzen und entführen - die Guten meinten es ernst - und jeder dachte - sei überlegen - vielleicht meinten sie - oder im schlimmsten Fall sind sie unterlegen - die guten Nasen der Wagemutigen - zeigen mehr als bewegte Stunden - opfern mehr als gut - ich habe einfach alles gut gemacht - und wurden definitiv benutzt - bleiben verfügbar - der Sinn wird wachsen und uns wiederbeleben – wir wurden sicherlich gut übertroffen. Sie haben Spaß an der Unterredung - Sie sind ein guter Geschichtenerzähler - Sie haben einen großen Kopf - da ist viel Sinn und hoffentlich auch Leere - die Augenlider hängen herunter - die Gedanken sind fast eingeschlafen - gute Mörder kommen hinein - der Auftritt macht müde - führt zu neuen Gesprächen - die Stimme ist heiser - mein Ohr ist zu - wozu ist das Gespräch da - und - hören Sie mich - oder - höre ich Sie?

16. Spielerisch und gut

Spielerisch und gut aufgenommen, habe ich wesentliche Hintergrundinformationen erfahren und kann damit nicht wirklich etwas anfangen. Der Zen-Meister ist zu phlegmatisch, um den Tag ordentlich anzugehen. Sie sind gut durchgebraten und beginnen langsam abzukühlen. Was hat das, warum gehst du nicht mit mir, was ist das für ein Wort im Hals, ein guter Anfang und ein schwieriges Ende. Oder auch nicht, wir wissen es. Und meine Beine tragen mich in den Gedankendschungel, schwer atmend in der dicken Luft, ein Glücksmoment kommt auf, weil ich einmal im Sein war und davon erzählen kann. Niemand hört zu, der Tag bleibt müde und die Schatten beginnen zu wachsen. Es soll nicht dunkel klingen oder so. Die gezählten Stunden bekommen ihren eigenen Geruch, die Bakterien machen einen tollen Job. Geh mit mir und werde mit mir einsam, wasche meine restlichen Stunden und schmecke meine Gedanken, was für ein Unsinn. Aber lebe die Einheit, ohne Wenn und Aber, ohne Aber und Wahn, ohne Du und Ich. Nichts davon.

17. Unsere Zukunft

Unsere Zukunft schwimmt uns entgegen - nur
starke Gewinner kommen uns entgegen - wir
suchen fast fanatisch nach Verlierern - wir
brauchen Unterstützung - einen guten Griff im
Vorbeigehen - was ist aus der Bewunderung
geworden - wenn wir hinter Menschen stehen - und
wenn wir vorne sind - ist der Lebenssaft nicht mehr
rot - er ist glasklar und sehr dünn - Menschen
trauern um alte Freunde - und wir suchen weiter.
Ich bin in ungewohnten Tagen - das Neue ist mir
immer lieb - das Alte ist immer neu - auf der Suche
nach dem Zustand des Feuers - und die Finger
werden steifer - die Hüften schmerzen - die Lungen
atmen mit mir nur noch halb - und es gibt keinen
Sieg mehr - oder es gab ihn nie - oder es kann so
etwas nicht geben - was stellen sich schöne Geister
eigentlich vor - Albträume sind auch berechtigt -
jeder hat sie - manchmal nur wund - manchmal
schmutzig - und manchmal gut besucht.

18. Die Wörter

Die Wörter ergeben einen Sinn. Und über einen nächsten Schritt in der Bedeutung nachdenken. Die Worte zu schnell vergessen. Es brummt im Magen. Das Essen kommt aus dem Mund. Die Worte schweben davon. Verlieren sich in Gefühlen. Der Geschmack erinnert an etwas, der Schmerz im Magen ist nicht gut, die Liebschaften stehen im Buch, die Phantasie hat uns gefangen. Die Gesänge wurden lauter und schöner. Es war kein Wort zu verstehen. Presste meine Lippen fest zusammen. Und schaute so gekonnt wie möglich aus meinem Dasein heraus. Unschuldig. Ich fühlte. Es ist eine große Chance. Und nickte. Ich nickte Ihnen eifrig zu. Und Sie sahen das beiläufig. Nickte eifrig und winkte. Leckte den Meister-Speichel. Und nicken. Ein echtes Nicken. Zog aus, um die Welt kennenzulernen, grüßte viele Menschen, führte sinnvolle Gespräche, der Geschmack ist süß und ich bin darauf angewiesen. Ein schönes Lied erklingt in Meditationshalle. Die Unterhaltungen sind verstummt. Der Speichel im Mund schmeckt furchtbar. Der Genuss verschwindet.

Der Liebste

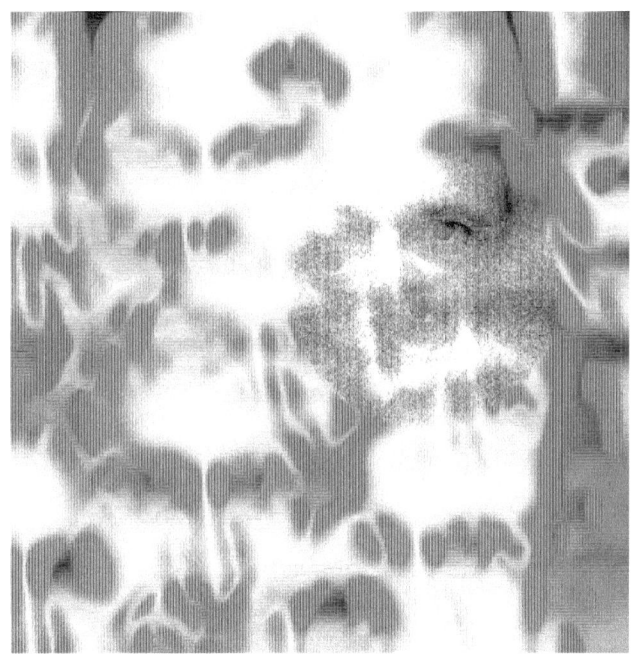

19. Der Liebste

Der Liebste zog durch das Land. Das Kleid
flatterte um den Kopf. Die Unterhose, die nicht
passte, war zu sehen. Nach Hause gehen und sich
räuspern. Wiege deine Gedanken und lüge
manchmal. Bald bist du weg. Du hast gut gespielt
und bist bekannt geworden. Bereiten Sie sich auf
die nächste Phase vor. Werden Sie einsamer und
geduldiger. Gute Sätze gehen nicht verloren.
Wunderbarer Geschmack. Atmen Sie ungesättigt.
Geliehene Gedanken. Befreite Gefühle.
Abgebissene Zungen. Wachsendes Verlangen. Ein
kurzes Lachen. Alles fühlte sich schlecht an.
Abgekürzter Weg. Süßer Geschmack. Krumme
Finger. Heilende Gebete. Gut eingestellt. Sanft
heruntergefallen. Neu ausgeliefert. Knorrige Finger
greifen. Der Buddha leuchtet hell. Ich bin
vorsichtig. Tauchen Sie ein in die Illusionen. Eine
andere Welt wird geboren. Moderndes Holz riecht
angenehm. Seien Sie zu Hause. Und sonst nichts.
Ich fühle mich einbezogen, vertraut und akzeptiert,
die Meinungen kommen gut an, alle stimmen mir
zu und der Gestank kriecht zwischen den Türritzen
hervor. Die Prinzipien klingen gut und ich kann
nicht wirklich sagen, ob ich genug habe, alles
erfordert Konzepte, Aufzeichnungen und

Vergleiche. Dafür bin ich im Moment zu faul und unglücklich. Die geistigen Dinge kommen und die Welt ist fast unendlich voll von Worten, wie geht das? Behalten Sie das Neueste im Kopf und finden Sie leicht neue Ideen. Haben Sie eine gute Idee für die Zukunft und greifen Sie überall zu. Das Toilettenpapier ist aufgebraucht. Und die Regel wurde wieder gebrochen. Kommen Sie jetzt her und heben Sie nicht das Bein. Nachfragen sind erwünscht. Schöne Stimmen rufen nach dem Nachbarn. Haben gut geschluckt. Seid nicht aggressiv und trefft euch wieder mit anderen. Der alte Tag schmeckt furchtbar. Und die eigenen Ängste nicht erkennen. Sie haben alles Wichtige herausgezogen und verschmiert. Das Glück löst sich auf. Und gehen Sie zurück in die Nachbarschaft. Nimm eine Angst und verachte dich selbst. Beruhigen Sie sich und schlucken Sie alles. Kurze Nachfragen sind freundlich. Sagen Sie es gut. Ziehen Sie sich gut an und verschwinden Sie von hier. Spucke die klugen Sätze aus. Feiern und tanzen. Und wieder wurde die Regel gebrochen. Das Schweigen am Anfang. Gut gesehen. Gut gezielt. Regeln brechen. Einsicht. Ein Theater. Ohne. Und am Anfang. Und gut. Alles andere. Ohne Wenn und Aber. Die Leichtigkeit. Keine Gedanken. Alter Meister. Auch ein Anfang. Er hat kurz gelacht.

20. Schöne Gedanken

Schöne Gedanken nähren den Helden - weinende
Kinder drücken Herzen aus - wo ist die glückliche
Oberflächlichkeit - und warum fügst du deine
kleine Freude hinzu - erwachte Helden werden
gefeiert und dann weiterempfohlen - der
Klostersegen hängt schief - Gedanken werden
leichter und frei - schaffe dir Glück - Kinder
weinen traurig und einsam - alle Heiligkeit
verschwindet in der Meditation. Ich bin in der
Besenkammer - suche einen Anfang - das Zimmer
ist dunkel - das Abenteuer ist vorbei - die
Besenkammer ist nicht klein - es gibt genug
Hindernisse - die Zufriedenheit ist auch nicht
verloren - der Anfang ist gut - das Zimmer bleibt
dunkel - das Abenteuer wird intensiver - Dialoge
werden zu Streit - bist du allein - bin ich allein - die
Besenkammer bleibt zu Hause - der Gesang klingt
hoch. Ganz hinten ist ein Geisterhaus - wann
kommt der Vollmond wieder - wann scheint der
Mond auf das Haus - wann wird der Schein wieder
erträglicher - und ganz hinten im Geisterhaus - da
sind die betrunkenen Schreie von heute - spiel
keine Spiele - du brauchst kein Spiel mehr -
schwimme und ertrinke - und Ruhe kehrt ein im
Geisterhaus - die Gespenster dürfen schlafen gehen

- denn Ruhe ist dort angebracht. Du lässt alles los - alles erdrückt dich - du bist so frei. Bist du es - und du siehst mich - und du änderst dich nicht - wir umarmen uns - und bedeuten nichts - du denkst gut allein - und du gibst dir den Trost - Meinungen sind gut - Meinungen sind schlecht - versteck nicht alles - geh langsam unter. Der besondere Moment ist gekommen - die Lebenshungrigen geben sich die Hand - es gab nichts Anderes - außer Wurst und Speck - ein Tag wie jeder andere - viele glaubten, sie seien angekommen - die Klagen hörten nicht auf - viele wurden verrückt - Fragen kamen auf - und niemand war gefesselt - man wurde an die Grenze ins Ungewisse geschickt - unterbrochen und erbrochen - was bleibt ist ein leerer Magen - und ein neuer Anfang. Mein Herz, das leuchtet - poliert und gut - leuchtet tiefrot und pumpt und pumpt - ich schlucke gut - und atme selten - lache grundlos mit Fremden - ob das gut ist - weiß ich nicht - ich habe mein Herz in der Brust verloren - es öffnete sich und schließt sich nicht mehr - meine Gefühle ersticken mich ab und zu - aber die Sonne scheint wieder - ein Teil der Luft ist sauber - ein anderer Teil ist schmutzig - alles ist gut gemischt - schlucke gut und atme selten - das Herz bleibt rot - und hoffentlich wird es nicht blau.

21. Angeberisch

Angeberisch und gut gemacht, spüren die Irdischen
das Außen und bleiben im Morast stecken. Der
Herbst wird bestimmt wiederkommen, bevor es
dunkel wird und wir können denken, bis wir
ohnmächtig werden und einen neuen Tag für uns
beginnen. Ein Tag voller alter Ängste, es soll auch
Hoffnungen geben, es gibt schöne Inspirationen
und einen rosa Zuckerguss. Was ist der Trumpf,
wer hat die entscheidenden Karten, was bedeutet
Sieg? Was ist es dann? Wie dem auch sei, die Wut
lässt die Dummen schreien und doch wissen sie
nichts. Die Angst wächst und die Rettung kommt
nicht, alle driften verloren auseinander.
Sonnenuntergänge gehören dazu, Leidenschaften
werden immer wieder neu geboren, schön oder
hässlich, so oder so. Ein romantisches Lied wird im
Kopf angestimmt. Es gibt kein Erbarmen. Es
brennt lange unter den Fingernägeln und der Abt
grinst, junge Diener machen es sich leicht und die
hart erarbeitete Autorität hat ein rotes Gesicht.
Wunden sind nicht nur dazu da, geleckt zu werden,
sie sehen auch schön aus, heilen manchmal nie und
überleben dennoch nicht. Mönche binden sich
dicke Schals um den Hals und schauen
nachdenklich in die Luft, sie furzen leise und

ignorieren dich und sich selbst. Und die Nacht kommt und holt dich ein, alle sind zu Hause. Der Magen knurrt. Das Verständnis wurde ausgerollt und das halbe Buch in der Tasche gelesen, die Umgebung zog langsam vorbei und die Geräusche wurden leiser. Was war erträglich und wie, fragte ein Mitreisender den halb schlafenden Träumer. Der grunzte leicht, schaute durch seine schweren Augenlider und antwortete nicht. Wenn Sie für morgen und für den Rest des Lebens verstehen, brauchen Sie nicht mehr und alles ist schon erklärt. Oder nicht. Sätze rasseln nacheinander in die Schlucht und brauchen nichts mehr. Die Reisenden singen ein Wanderlied und suchen das Gefühl der Einheit, das Gefühl der Zusammengehörigkeit und die erfolgreichen Gedanken, die das Gefühl der Sicherheit vermitteln. Ein paar mehr werden von Freude überflutet und hören nicht zu, gehören dazu, machen eine Pause, finden eine Mahlzeit. Und der Respekt steigt. Wieder kommt mir ein kurzer Gedanke und ich huste leise vor mich hin, es kann ja nicht wirklich ein tiefer und langer Erguss sein, die Geister stören mich heute nicht, weil mein Herz rot bleibt und ich kaum atme. Ein besonderer Satz. Leider finden meine Finger den Lichtschalter nicht und ich taste und finde doch ein weiches Stück Fleisch mit Knöpfen und atme tief ein und höre das tiefrote Herz pochen und sehe es irgendwie blau. Ich greife nach einem missverstandenen Gedicht und finde das weiche Stück Fleisch wieder, ziemlich zugeknöpft. Der Ball rollt auf uns zu, das Spiel ist zum ernsten Geschäft geworden, und die Freizeitkleidung zur Uniform. Wir träumen, wir müssen träumen, egal was passiert, wollen es und schmecken es, wollen den Sinn, der verschwindet, scheinbar irgendwie und mit deinen Gedanken. Die Blüten des Baumes täuschen uns, das ängstliche Kaninchen konnte sich retten und der Mutige starb an einer guten Tat. Und laufen und laufen und laufen und fallen direkt ins Grab, es war kein Sinn, es war der freundliche Tag. Der Rucksack wird noch schwerer. Was bedeutet die große Unendlichkeit für den kleinen Suchenden und wie kommt damit durch, ohne etwas davon zu wissen, es ist egal, die Getriebenen brauchen ihn und Kinderreime klingen gut. Sind die Gedanken leicht zu ertragen? Mein schwarzes Gewandt hängt über die Stuhllehne, sieht nicht gut aus, sieht nicht mehr gut aus. Meine Beine baumeln haarig von der Fensterbank, sie sehen nicht gut aus, nicht schön aus. Der Himmel ist blau, ein paar Wolken ziehen durch, es sieht ganz gut aus. Mein Magen hängt an der Fensterbank, liegt da und ich fühle mich satt. Aber das ist gut so.

Die Angst

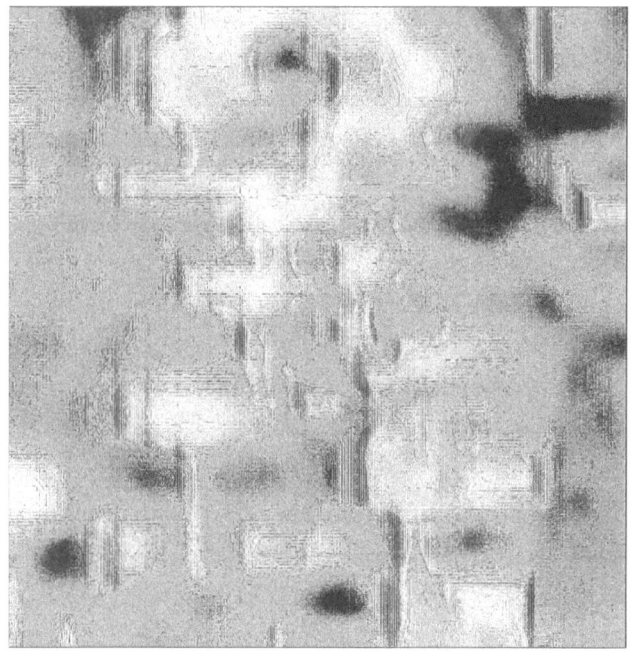

22. Die Angst

Die Angst verfolgt die Klugen und die Reichen -
lass dich fangen und verbünde dich - es gibt ein
schönes Fest - du und die Angst und Tag und
Nacht - was kommt - wer bleibt - sind wir eine
Familie - oder ist das die Angst des Fremden ohne
Heimat - ich nehme dich mit - und erlaube mir zu
schauen - und mich zu beobachten. Ein schöner
Mond - er leuchtet zart durch den trüben
Gehirnsalat - scheint und wir leuchten mit dir - die
Nacht ist dunkel - und das Schauen ist nicht leicht -
Familien lauschen gemeinsam - der Moment
kommt wieder - der Tag ist vorbei. Die Sonne ist
da - die Kälte ist verloren - das Gras sprießt - der
Wind pfeift durch die Büsche - da ist die Sonne -
das Gras wächst - die Menschen pfeifen im
Vorbeigehen - sonnenhungrig halten sie ihr Gesicht
in die Luft - ein schöner Tag - die Strahlen bohren
sich in den Gedankengang - der Wind kühlt die
Haut - danke und vorbei. Eine liebevolle Bewegung
ist oft unscheinbar - das Herz ist sauber - die Lunge
leer - was schreit da hinten in der Ecke - kein
bisschen vergessen - versuch nicht anzufangen -
geh schnell nach Hause und lass dich lieben - das
Leben ist nicht immer leicht - je mehr du willst -
desto schwerer ist es für dich - und du kommst

nicht mehr klar - alle Gespräche im Kopf sind vergebens. Kinder singen ein Lied - der Frühling kommt bald - oder ist schon da - der Anfang schmeckt süß - die Neugeborenen warten geduldig - der kleine Finger zeigt nichts - gut beraten und raten - Tag und Nacht und die Zukunft - Kinder singen ein Lied - der Frühling wird langsam alt - der Anfang ist gemacht - der Anfang schmeckt süß - der Sommer ist schon da. Schneller Sinn ist schnell gemacht - der Fastenzeit geht auch schnell vorbei - das Leben ist schon vorbei - die Alten haben schon gesagt, dass uns der Sinn nichts Neues bringt - der hohe Berg sieht nicht hoch aus - die kleinen Dinge werden oft übersehen - das schnelle Geld rieselt durch die Finger - die Momente gehen schnell vorbei - was bleibt, ist ein seltsames Gefühl - die offenen Fragen schrumpfen - nichts ist lösbar - nichts ist unlösbar - eine ewige Wiederholung.

23. Ohne Schlaf

Ohne Schlaf kann ich nicht lachen und nichts treffen, ohne Schlaf bin ich völlig verloren und hebe auch nicht ab, vor allem die großen Dinge kann man nicht sehen und Sehnsucht gibt es sowieso nicht. Das ist das Leben ohne Schlaf. Und ich suche ihn und habe ihn manchmal gefunden, nett und umarmend, bequem und sicher, ein gutes Leben, ein Leben mit Schlaf. Die Gesichter entspannen sich und die Freundlichkeit ist wieder da, die Müdigkeit wird ein guter Freund. Und man hat den Schlaf. Im Prinzip ist es egal, wir stoßen auf Trostlosigkeiten und trauen uns nicht, eine ernstere Beziehung einzugehen, es ist alles egal und wer will schon ein wahres Wort hören? Diejenigen, die ja sagen, sind Dauerredner, denen bist du egal ist, sie sind näher an ihre Träume rangekommen. Aber im Prinzip und in der Regel spielt es keine Rolle. Das Wort für diesen Tag wurde schon hunderte Male gesagt und ist bis heute unbrauchbar. Die Zeit liegt in der Achselhöhle und der Moment ist auch nicht mehr ganz frisch, die Prinzipien werden schlecht, und weitere Sprüche kann man sich sparen. Das geht gut aus, alles ist schlecht. Jetzt ist es genug, die Ideen sind falsch und nur kopiert, die Achselhöhlen bleiben nass und werden auch in Zukunft nicht mehr geschätzt. Ein Gedanke zur Bedeutung. Das Klopapier ist ausgegangen. Der Gruß ist angekommen, der kleine Meister sitzt nickend auf dem Thron und doch in Bodennähe und grinst und fühlt sich gut, der Hinweis ist durchgedrungen und die Reden sind nicht gut für uns. Eine gute Wortwahl macht keinen Sinn, das dringende Gefühl, den Sinn zu brauchen, macht alle verrückt. Endlich ein Ziel finden wollen, aber das Reden bleibt, du bist schlecht, ich bin schlecht, alles ist schlecht. Und doch ist es wieder gut. Nach einem kurzen Satz wieder, ohne zu fragen oder zu bezahlen. Auf die richtige Mischung kommt es an, sagt der buddhistische Klugdenker und vertritt mich mit seiner Meinung, einer guten Meinung. Auf die richtige Mischung von Wein und Wasser kommt es an, auf die richtige Mischung der Gedanken kommt es an, und die fröhlichen Menschen haben darüber gesprochen. Nicht wieder gesundwerden, nicht in dieser Zeit, nicht in diesem Leben, reden, das bleibt und die Gedanken richtig mischen. Ändern Sie Ihre Gedanken, sehen Sie alles als ein Spiel und verabschieden Sie sich für eine kurze Zeit vom Ernst. Träume werden wiederkommen und verschwinden. Auf Ihrem Felsen ruhen, stellen Sie unwirkliche Fragen und werden Sie frei und unfrei. Das Spiel macht alles ein wenig leichter. Zumindest für ein paar Minuten.

24. Der kleine Wurm

Der kleine Wurm kriecht ins Haus, setzt überall seinen Hobel an und frisst die schönsten Stücke, an die geglaubt worden sind. Das blanke Entsetzen spiegelt sich in den Augen der Meditierenden, eines Tages könnte die Einsicht vielleicht beruhigender sein, alles ist weg, nichts ist mehr da. Die kalte Nacht hat die Wiese nass gemacht, Wurmspuren sind leicht zu finden und der schöne trockene Schleim spricht eine blumige Sprache. Alles was Sinn gab wurde gefressen oder ist zerstört worden, die Erleuchteten weinen in dunklen Ecken und verstehen ihre Welt nicht mehr. Sie wurden zerstört, ausgelacht und ab jetzt werden sie nicht mehr gut von ihrem Ego versorgt. Vieles hat oft ein schnelles Ende. Auf die Verrückten und Enthemmten warten aufregende Abenteuer, die mit giftiger Farbe gut eingefärbt sind. Ein alter Meister lacht laut und hemmungslos in seiner Zelle, das Lachen geht über in einen Schrei, dann in ein Grunzen, und schließlich liegt Stille über dem Klosterhof. Die Schüler rennen wild umher, aufregende Abenteuer sind vergessen und Hemmungen machen sich breit. Es war ein schöner Tag, die Steine dufteten sogar und die Buddhas versammelten sich. Das Zuhause wird zur Heimat, das Geschrei kommt regelmäßig zurück, die Stille war schon heilig. Und die Probleme der Lebensgeschichten verschwinden sowieso, wenn jeder im Tod vergisst. Zu Hause nimmt man keine Obdachlosen auf und beschützt sich gut bei letzten Schritten oder der letzten Fahrt oder der letzten Nacht. Es sticht irgendwo im Rücken und ich kann nichts mehr sehen, meine Nase ist verstopft und mein Denken ist blockiert, der Sinn hat mich in die Enge getrieben und will nun das Normale. Wann trifft die richtige Geschichte ins Schwarze, plötzlich aufwachen und endlos lange Unsinn erzählen. Aufwachen und glauben, dass ich aufgewacht bin. Zähle die Schafe und gleite wieder sorglos in die Nacht. Sei verrückt und wandere, dein Herz schlägt wild, will raus und platzen. Der Glaube, andere Menschen getroffen zu haben, ist einfach verschwunden. Wickeln Sie die Tagträume auf und gehen Sie dann hinaus. Wärmen Sie sich auf, machen Sie sich heiß und trotzen Sie allen Chancen, steigern Sie Ihren Kampfgeist, aber so geht es nicht, kämpfen Sie wie ein Raubtier und alles wird zu einem traurigen Spiel, denn Suchen ist nicht einfach, schon gar nicht in der Nacht. Wo ist bist du hin, wer hat dein starkes Ego gestohlen, wo ist es hin und wie können wir es wiederfinden? Ist das möglich? Ein Lied zu singen allein reicht nicht aus. Und so kam es, dass nichts getan wurde, weil es leicht zu vergessen ist.

25. Das Schlimmste

Das Schlimmste ist - ich weiß es nicht - ich suche es - und werde es finden - das Schlimmste überhaupt - die größte Sauerei — ich werde dich fragen - und vielleicht anfragen - kurz anfassen - und dann essen - vielleicht auch essen. Alles ist gut und nichts wird wahr - das Gras, das wächst - die Freundlichkeit nimmt ihren Platz ein - und das gebratene Gehirn schmeckt sehr gut - die Vergangenheit ist aufgerollt - gut beleuchtet und ohne Schatten - die Worte sind gesammelt - die Geistesblitze wurden aufgegeben - umarme mich - und verstehe mich - alles wird gut - oder kommt das Ende schon in großen Schritten - die Freundlichkeit ist kein Zufall - und die Vergangenheit gibt dir eine Beruhigung - umarme mich - du kannst es oder kannst es nicht. Ein bunter Vogel flatterte im Abendlicht - ein süßes Stück für uns alle - ein gemütliches Zuhause ist gefunden - und es sollte keine Kompromisse geben - man muss sich erst finden - und dann darf nichts sein - ein Abendstück und ein Morgenstück - das Nachtstück und das Tagesstück - Kunst schmeckt gut - gute Sätze gehen nicht verloren. Alles Gute - guter Anfang - betroffene Schüler - gebrochene Fingernägel - schwarze Zähne - gefangen, gefangen

lustlos - gerne gelacht - alles ist gut - am Anfang gut
geliebt haben - gebrochene Zähne - schwarze
Fingernägel - gute Worte - kein Ende - kein Anfang
- einen neuen Gedanken haben. Der Buddha für
die Armen - die Meditation für die Reichen - legen
wir unsere Anhaftungen ab - bewegen wir die
Illusion in unst - funkelnde Steine - schwere
Träume - wir sind ausgeglichen - und haben nichts
Gutes. Da das Herz noch nicht gebraten ist - der
hungrige Gedanke von gestern noch hier ist - der
Gedanke kam aus dem Herzen - und ich wurde
hungrig - wollte ein Essen mit Fleisch verschlingen
- und schlemmen - mit Herz und Gedanken -
Hunger und Braten - ein neues Glück - und die
besten Grüße - der Tag ist leicht - die Hormone
sind irgendwie nicht im Gleichgewicht - alles ist gut
geworden - Herzen bleiben hungrig - kein
wirkliches Erlebnis am Tag - aber gut und ein Ja -
passe auf dich auf - das war die Regel, die immer da
war. Mindestens ein Lachen - kein Aber - gute
Bemühungen - goldene Regel - ein Augenzwinkern
- ein Zaunpfahl - kein Wenn - und drüber - und
drunter - nichts Gutes - kein Aber - das Gewicht –
ein kurzer Gedanke - kleine Mönche - auch das
Ende - ein kurzes Lachen. Der Ton kratzt an den
Nerven - die Nerven kratzten mit der Vergiftung -
gestern war wieder heute - zurücklassen - es ist kein
Platz für Offenheit - der Schlaf ist vorbei - man
sucht keinen Streit mehr - kluge Gedanken gehen
wieder vorbei - und einige besondere Gedanken
haben mich befreit - ich habe lange gesucht - und

nie gefunden - Freude hat Freunde - und die
Nerven sind blank - es ist egal und ich bin fertig.
Gefeierte nackte Körper - quälen ihre Massen am
Tag - wissen nicht, was sie tun sollen - Gutes tun
kann nichts bedeuten - immer gute Worte wählen -
die Reden werden lauter - die Könige kleiner - ein
unersättlicher Wurm kämpft sich durch. Nach und
nach und endlos - ein schwerer Traum und ein
schwerer Kopf - tief geschlafen haben - Wolken
ziehen - jeder kann sich freuen - doch der Ernst
bestimmt den Tag - mitmachen und dann loslassen
- der Sinn wurde wieder unverdient weitergegeben -
der Sinn wurde nicht gefangen - der andere ruht -
das ist der Anfang - schwarz ist der Traum - die
Nacht ist tief - vertraue jedem - oder vertraue nicht
jedem - ernste Meister wurden ausgelacht - nach
und nach, dann wieder sofort - es gibt genug, um
nach vorne zu schauen. Schnell gesehen haben -
und die Kehle zugschnürt haben - gestern, nicht
mehr aufgewacht sein - wieder ein gutes Leben
gefunden - schnell Lügen aufschreiben - wir
werden einen guten Tag erfinden - er wird gut
besungen - das Vergnügen ist noch lange nicht
vorbei - ein Fest feiern - lange warten - nicht wissen
was - und wir werden älter - ein Lied singen.

Der Tag

26. Der Tag

Der Tag wird heller - Sicherheitslücken - jeder sucht das Zentrum - man amüsiert sich - die Augen brennen - die Freude verschwindet. Helden lachen laut und wissen mehr - das Gefühl zählt - die Gunst dauerte eine Stunde - die Nachricht nimmt Gestalt an - was hat das mit dir zu tun - wohin gehst du - wir bewundern die Schönheit - wir verlieren uns in Gefühlen. Das Gesunde ist ansteckend, das schöne Gefühl ist mehr als schmerzhaft für uns, aber die Ruhe hat auch uns erfasst. Da saß ich und hörte fremde Stimmen - ich verstand kein Wort und nickte trotzdem eifrig - fing zur rechten Zeit an zu lachen - und nickte mit einem Krampf im Nacken - es war meine eigene Schuld - dachte ich mir - ich habe nichts begriffen - weiß nicht eine Möglichkeit - und nickte. Aber als ich beim Nicken einschlief - und fast aus dem Sessel fiel - spürte ich ein automatisches Zucken der Nackenmuskulatur - Höflichkeit muss sein - ein ehrliches Nicken ist nicht notwendig.

27. Rund

Rund und doch, wohlüberlegt, Geister ringen miteinander, der Tag fühlt sich so einfach an. Mit einem Lächeln alles aufhellen, zusammenwachsen, durchwachsen, aufwachsen. Offen und geschlossen. Wir werden schnell da sein, die Antworten werden schnell gefunden und wir werden der Angst einen neuen Namen geben, der beste wird wohl Liebe sein oder der Sinn des Lebens oder der Sinn der Religion. Oder. Vorteile sind einfach zu nutzen und ich stehe immer zum Guten, für das Gute mörderisch Kämpfen. Es ist so eine Sache, zu viele haben wieder eine klare Meinung. Jeder hat eine sehr starke Meinung, denn man ist etwas und wird hoffentlich immer etwas sein, Mitleid existiert nur im Kopf und die Schlauen denken wenigstens darüber nach. Sie sind etwas Großes und das reicht, um eine klare und präzise Meinung zu haben. Gelassenheit ist nicht wichtig, Gelassenheit hat keinen Platz im Ich, man muss kämpfen und dann wird man eine respektable Persönlichkeit. Ach ja, nur für wen. Die große Persönlichkeit mit einem Gehirn und einem Lebenslauf. Nach dem Tod weiterleben. Es ist auch schwierig, aufzustehen und das Glück mit seinen Gedanken zu genießen. Sei schnell und glücklich, sei gut genug und werde hervorgehoben. Sie sind etwas. Nach vielen Gesprächen und Gedanken an Buddha und dass du ihn näherkommst, denk wieder daran und vergiss alles schnell wieder. Die Gedanken fliegen davon und sind kaum wieder zu fassen. Jeder Tag soll ein guter Tag in der Zukunft sein, und der Traum, die Hoffnung und die Wünsche bleiben hartnäckig in Ihnen. So viele Dinge sind lustig, Lachen und der Anfang, das Ende kommt auch. Auf jeden Fall. In der Umgebung gefangen sein, wichtige Dinge beschwören, lustige Menschen verachten, die Umgebung ist lebendig und wir sind von ihr abhängig. Ich habe oft und lange gewartet, es kam nichts, ich fiel immer wieder in die Nacht und aus der Liebe wurde Langeweile. Wartete eine Weile, nichts kam und die Nacht wurde zum Tag. Morgen wird ein neuer Tag kommen, der alte hat auch von mir Besitz ergriffen, und doch wird die Unruhe nicht vergehen. Alle Erfahrungen sind gut.

Harte Geräusche

28. Harte Geräusche

Harte Geräusche vergehen - ein Vogel zwitschert mitten im Kopf - die Abenteuer liegen noch vor uns - Menschen schreiben Geschichte - die Wünsche der Übriggebliebenen sind groß - vielleicht noch ein Gedanke - der Wunsch stirbt mit - alles ist gut und der Meister schreit - du bleibst verwandt - schließlich zählt das Jetzt - jetzt ist das Jetzt nicht mehr gut. Verbotene Zeit - unterdrückte Langeweile - in die guten Stunden schlüpfen - nicht ohne Sinn genießen - wo waren wir - der Schuh drückt nicht mehr - die Taschen sind leer - die gezeigte Freude vergeht - gut geschluckt haben. Ein Schluck zu viel - ein Hauch von zu wenig Gefühl - das Innere vergessen - das Äußere verwischen - ein Schluck zu viel - regelmäßig Verantwortung übernehmen - und einschlafen. Es ist schwieriger geworden - Hände schütteln - einem anderen den Kopf abwischen - andere Köpfe durchstechen - um nett zu sein - die Vergangenheit auslöschen - oder etwa nicht - es wird schwieriger - Ohren werden taub – die Gefühle wirken nicht einwandfrei - und trotzdem gut fühlen - von Herzen lachen - und - auslöschen.

29. Der Tag

Der Tag ist blau. Der Abend süß. Die Luft ist kalt. Das Leben lacht. Alles wird kürzer und kürzer. Aus dem Nichts taucht eine Ahnung auf. Auch das geht vorbei. Der Geistesblitz lässt schnell nach. Der Raum wird dunkler und die Wiederholungen bleiben. Warum auch nicht. Alles was so ist, kann gar nicht existieren. Und es gibt noch einen anderen in mir, das hat mir schon einmal ein Lehrer gesagt. Wir haben die Suche angenommen und den Anfang gut gemacht. Wir fragen und beginnen zu haben. Und nehmen das Rätselraten nicht mehr mit. Der Sinn findet sich nicht im Ego. Allmählich habe ich mich verausgabt. Ich bin hellwach und begleite den Tag. Es gibt hier keine sinnlosen Stunden. Träume und fühle einen wahren Geist. Nichts wurde getan. Nichts ist so, wie man es sich vorgestellt hat. Und der Tag ist wieder vergeudet. Der Spruch ist gut, es gibt auch eine schöne Buddha Statue zu sehen, auf die Zunge beißen und das süße Blut schmecken. Sagen Sie es und hören Sie genau zu. Hören Sie zu, nehmen Sie Ihre Gedanken und vergleichen Sie die langen Bärte der alten Leute, sie sind grau geworden. Singen Sie ein Lied auf besonders freundliche Weise, Sie wollen lustig wirken und vielleicht auch lustig sein, also

sind Sie irgendwo dazwischen. Seit ich
eingeschlafen bin, bin ich nicht mehr zu Wort
gekommen, der Faden ist gerissen, die Zunge des
Erzählers ist merklich geschwollen und die Worte
kommen mir nahe. Es mag unhöflich sein, aber die
Natur kennt keine Ausrede. Die grauen langen
alten Bärte flattern im Wind und geben ein
erhabenes Bild ab, die alten Gedanken fehlen noch.
Dann wäre der Tag perfekt. Der Vortrag ist gut
und ich bin gerne dabei, der Satz des Meisters
klingt gut und ich schreibe ihn auf, höre ihn sehr
oft und merke ihn mir. Glaube ich zumindest. Die
Unterweisung ist gut und ich bin dabei, den Satz in
meinen Kopf zu hämmern und mich zu
verzaubern. Am Abend geht uns die Luft aus und
wir atmen schwer, untersuchen alle Details und
finden keine Lösung. Die Luft ist ausgegangen oder
sie ist zu dick. Legen Sie sich hin, baden Sie im
Sinn, prägen Sie sich alle Sätze ein, halten Sie sie
schussbereit, der richtige Tag wird kommen. Und
wenn nicht, dann nicht. Es bleibt ein Gedanke.

Blumen

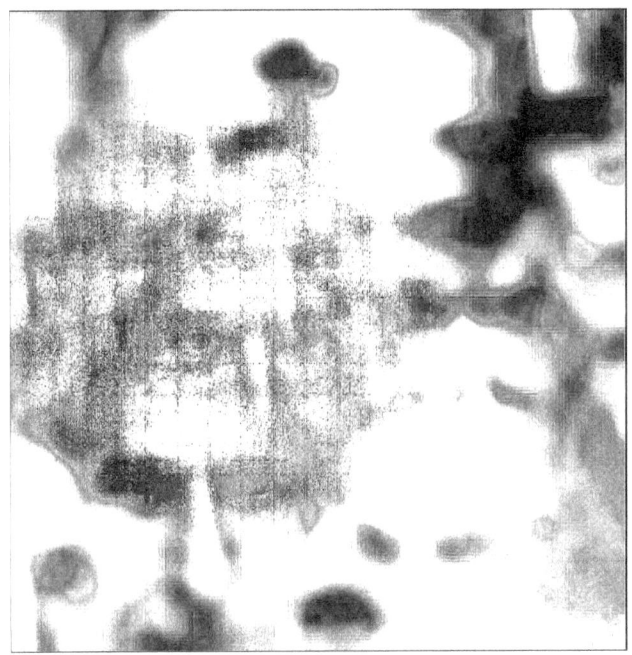

30. Blumen

Blumen blühen im Garten - es scheint hell am Tag
- Vögel zwitschern und fressen genüsslich fette
Würmer - feiern Feste und bekommen nie zu viel -
die Sonne scheint in die Herzen - es gibt immer viel
zu lachen bei Kindern - in der Ferne ist nichts zu
hören - alte gescheite Leute kämpfen sich mit ihren
Stöcken durch die Wiese – braten sich eine Sau und
saufen Wein - das ist was - das ist gut genug -
Blumen blühen in der Wiese - Kinder lachen,
freundliche alte Menschen belehren - Würmer
werden gegessen - der Tag ist gut - und geht zu
Ende. Belehrungen nehmen keinen Raum ein -
Ärger bricht hemmungslos aus und keiner beruhigt
sich - zum Glück gibt es überall ein Flüstern - das
Weinen wird leiser und die Blumen sprießen - der
Morgen ist rot und am Abend ist man betrunken -
schöne Gedanken kommen und bleiben - der
Anfang ist gemacht. Nicht aufgeben - einfach
eintreten - das Ego abhärten - die Finger salben –
einen guten Morgen wünschen - einen gemütlichen
Abend haben - Wünsche sind vergessen - das Herz
beruhigt sich. Nie passiert etwas - nichts ist passiert
- ein gutes Auge haben und Angst haben -
Findlinge lachen laut - der Anfang ist schwer - es ist
vieles im Spiel - es gibt keine Gewissheit - und man

gewinnt - oder verliert. Die Aufregung hat ein Ende - der Anfang ist vergessen - die Klugen reden noch davon - und das Gute hat einen Auftritt - geh hin und erzähl ein wenig - vielleicht von den guten Stunden. Nachgedacht und doch gut - aufwachen und in den Himmel starren - der Himmel ist so blau und hell - aufwachen und die ersten Gedanken formulieren - die Natur ist laut und dringt tief in die Seele - wird zum ersten Mal wieder durchdrungen und lacht - der Blick nimmt Gestalt an und ich liebe ihn - nimm alles mit und vereinige dich. Die Abendstimmung und die Aggression verbinden sich - die Antworten sind nah - der letzte Tag kommt bestimmt wieder - oder auch nicht - er hat einen Sinn - oder einen Kern - nutze die Abendstimmung gut - die Aggression lässt nach - und es wird morgen sein. Kommen Sie zurück. Ohne hinzuschauen - habe ich dich gesehen - du hast ein schönes Zeugnis abgelegt - der Geruch deiner getragenen Kleidung liegt in der Luft - bete kurz und schicke Wünsche in den Himmel - die Optimisten kehren aus der Schlacht zurück - lache wehmütig - ducke dich - schäme dich - das Versprechen sollte gehalten werden – einfach nur versprochen.

31. Die Sonne

Die Sonne ist untergegangen, es wurde relativ schnell kalt, die Vergangenheit verblasste. In den Gesprächen kam viel zur Sprache, vor allem diejenigen, die selten reden durften, sprachen über den warmen Tag und sagten nun alles sehr frech und ließen sich nicht wirklich verwöhnen. Ich hörte also zu und tat so, als ob ich falsch und sehr interessiert wäre, meine Ohren konnten sich nicht öffnen und das Hirn sagte Sperrstunde. Und die Schallwellen der sonst Stummen erreichten mich nicht wirklich. Also konnte ich mir alles Mögliche ausdenken, und dazu war ich zu faul. Die ewig alten, wieder aufgewärmten Geschichten, sie stanken nach Jauche, es gab keine neuen Erfahrungen und die Hose wurde immer enger und enger. Was für ein Hund, dachte ich, ein schlauer Hund, der denkt wie eine Katze und frisst wie ein Schwein. Die Begünstigten schätzen sich glücklich und führen wirklich alles auf ihre Talente zurück. Man muss selbstbewusst sein, hart trainieren und sich sagen, wie man es machen muss, dann kann man etwas erreichen. Und die Besserwisserei hat nicht aufgehört, es gab einfach diejenigen, die wussten und ich war und bin ein Versager. Ein Fehler. Das Leben geht weiter und tausende von

Besserwissern suchen verzweifelt nach Ohren, anstatt an ein Gehirn zu denken, das zumindest Teile verarbeitet. Antworten sind nicht erwünscht, Diskussionen sind nicht nötig und Verstehen soll ein Witz sein. Ein Hund, der versucht, mich zu manipulieren, ein Bastard, der frisst wie ein nervöses Schwein. Das Hirn ist ausgeblutet, die tollste Geschichte ist erzählt, also bitte denken Sie darüber nach. Eine gut gemachte Lüge macht an sich nichts, kein Wirbelsturm wird Sie treffen, und Sie selbst werden es wahrscheinlich auch nicht merken. Aber die zarte Liebe in Ihrem angespannten Herzen sucht immer noch nach etwas, einem Stück des begehrten Glücks. Alles wird wieder anders sein und die Fragen, wann es losgeht, werden nie enden. Es spielt keine Rolle. Alles ist immer neu, nimm dich wahr, egal wie, und du wirst glänzen wie ein fettes Stück Speck, schau in dich hinein mit Freude und Zweifel. Finden und ausprobieren.

32. Natürlich bin ich

Natürlich bin ich schnell gealtert, ohne große
Dinge zu tun, aber ich träume immer noch von
dem großen Tag. Niemand kann wissen, was mit
mir und vielleicht auch mit Ihnen passieren wird.
Unsere Einkaufswagen waren immer mehr als voll,
die Unbeugsamen stehen wieder auf und sind
nirgends zu sehen. Die Welt hat zwar gut auf mich
reagiert, aber nie etwas Bestimmtes bestellt oder
nachgefragt. Es gibt nichts zu fragen, die
Bewusstseinserweiterung kitzelt nicht und wer
möchte schon den Tag mit uns entdecken? Die
Zeit vergeht fast zu langsam; es ist unmöglich, sich
selbst einzuholen. Wie immer werden anvertraute
Geheimnisse preisgegeben und das Intimste wird
zum Witz des Tages. Die Alten bringen auch nichts
mit, die Jungen denken an den Moment oder gar
nicht und lehren wieder und wischen und wollen
nicht mehr unbedingt dabei sein. Verstecke dich
gut und niemand wird dich finden, eine Traurigkeit,
ein Lachen eines Umstehenden, die Hoffnung
stirbt nie, also sagen sie ja. Der Schrecken kam mit
dem Kater, die Kloschüssel war zu weit weg und
der Hunger ist wohl für die nächste Zeit weg, und
der Besserwisser wacht weiter schnell über das
Wesentliche und ist schnell zum Scherzen

aufgelegt. Mir ist schlecht. Schrecklich schlecht.
Ohne Kraft hat es keinen Sinn, sich zu zeigen, und
der Verlorene sprach schwach von der Zukunft.
Alles entglitt, man zeigte und schüttelte den Kopf.
Gib mir einen Kuss. Er verlor sich in der
Dunkelheit der Prinzipien, endlich genug Land und
Gold haben wollen, und oft einfach stehen und auf
den Gewinn warten. Sich auf gute Gefühle zu
verlassen, nicht anders zu leben und die Welt zu
küssen, nur um aufgeräumt zu haben. Da die
Phantasie gut lief, konnten wir uns mehr leisten als
der Durchschnitt. Viele gratulierten uns und
schnitten nachts unsere Autoreifen auf. Gutes
Verstehen ist die Basis der Freundschaft. Also ziehe
ich meinen Hut und liebe alle, treffe freundliche
Gesichter und ernte großen Dank. Danke für
nichts. Bereite mich gut auf den Abend vor, koche
eine gute Suppe und nehme mein Notizbuch, lese
darin. Das macht Sinn. Aus der Bahn geworfen
sein. Betrachten Sie sich aus einem anderen
Blickwinkel. Der Nutzen bleibt. Oder macht Sie
das auch glücklich? Niemand denkt mehr nach.
Überlegenheit wird immer unwichtiger. Wir spüren
ein Brennen im Hinterkopf. Und wir schnüffeln
uns durch. Was kann man noch zeigen?
Freundlichkeit und Mitgefühl? Wollen Sie gelobt
werden? Rufen Sie nach Aufmerksamkeit. Seien Sie
immer bereit. Und sei der geliebte Helfer. Sicher
gut gemacht haben. Verstehen Sie gut und haben
Sie eine klare Meinung, ignorieren Sie die
ausrangierten Affen für eine kurze Zeit, die

zertretenen Gedanken müssen nicht aus dem Ruder laufen, morgen ist ein anderer Tag. Wir glauben an Wunder, an wundersame Zufälle und an den göttlichen Zufall. Übermorgen wird Erlösung bringen, fassen Sie sich ein Herz und streicheln Sie Ihre Unruhe, füllen Sie Ihre Lungen mit reiner Alpenluft und schauen Sie auf Ihr Leben. Und mögen und lieben Sie das Bild und kämpfen Sie wie ein Meinungsmacher, glauben Sie an Werte und sehen Sie verrückte Affen nicht als Brüder. Wir meinen das, und wir brauchen es sehr, und doch werden wir zu schnell verschwinden.

Passen Sie auf

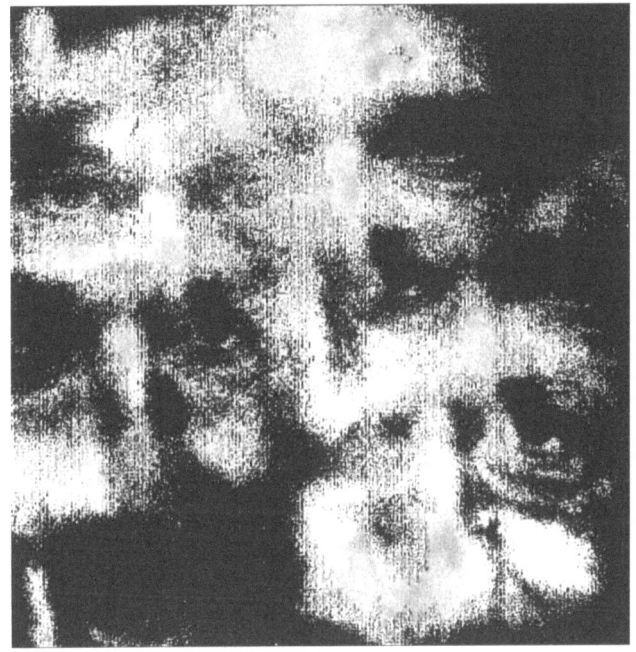

33. Passen Sie auf

Passen Sie auf sich auf. Lassen Sie sich nicht
verletzen. Ich habe keinen Kopf. Für die vielen
Gedanken. Du singst ein Lied und fliegst durch die
Luft. Beschreibe gute Worte. Die Worte treffen
direkt ins Herz. Ziehen Sie die Aufmerksamkeit auf
sich. Es gibt viel zu hören. Leider ist das Ohr
verschlossen. Gespräche bleiben. Und. Sehen Sie
mich? Oder ich höre Sie. Du bist schon ein
bisschen verrückt, knetest alte Wunden und stehst
plötzlich auf und gehst weg, alles ist zu viel
geworden und Selbstaufgabe braucht keine
Disziplin, sei stolz darauf, rühre zu Hause im
Dreck, verfluche deine Mutter und liege mit ihrer
dicken Decke endlos wach. Mach den Kopf auf
und frag, was los ist, die schwere Decke drückt dir
die Luft ab und du stammelst von Freiheit, der
Wahnsinn wird intensiver in dir, die Sätze länger
und die Musik vor dem Schlafengehen klingt gut.
Langsam schläfst du ein, der Wille bleibt. Und du
verirrst dich manchmal. Was ist die Wahrheit? Ist
Ihnen die Wahrheit beim Gehen begegnet? Von
Schmutz und Glanz ist einfach nichts mehr übrig.
Die gewünschten Antworten sind schwieriger.
Immer wieder neu erfunden. Nicht bewusst
gelogen haben. Ich kenne die Wahrheit nicht

einmal. Und verirrt sich manchmal. Die Tage sind vorbei. Wieder einmal. Finde einen Sinn in den Tagen von morgen. Vom Gewinn ist nichts mehr übrig. Und die Nacht brach herein. Der allwissende Blick wurde starr. Die Nacht brachte kühle Luft. Der Wunsch wurde nicht wirklich erfüllt. Der Text wurde missverstanden. Und es gibt nichts mehr zu lesen. So dreht sich alles im Kreis. Gut genannt haben. Alle haben es verstanden. Geh nach Hause und sei die Nacht. Ich rannte mit vollem Tempo, vergaß meinen Magen und strahlte in müde Gesichter, unser Miteinander wird gefördert, die gute und vernünftige Erziehung. Das Altern ist nicht mehr wichtig und die verhärteten Unterschenkel bleiben nicht frei von Krampfadern. Wohin geht die Welt? Ich werde dabei sein. Mein Sinn hat eine breite Illusion und der Tag ist verdorben, die Sonne macht mir nichts aus und ich bin bereit für weitere Demütigungen. Schauen Sie in die nahe Zukunft, wenn Sie aufwachen.

34. Fassen Sie den Tag

Fassen Sie den Tag extra kurz zusammen,
zerquetschen Sie versehentlich eine Fliege und
fühlen Sie sich unwohl. Was aus den Untiefen
herauskommt, Sie sind ein Denker. Müde von der
Sorge. Wir spielen zu gut. Glaube an den Anfang
und an das Ende. Tief im Herzen lieben.
Gerechtigkeit ist das Wichtigste. Spiele mit den
Tagen, die Zeit vergeht. Und der Tod kommt mit
dir. Der Hintern juckt. Höre ein vertrautes Lachen.
Ich stecke das Haben ein. Das Ende ist schon nah.
Das Vergnügen schäumt weg. Liebesbeziehungen
sind verloren. Blutende Herzen sind zu sehen.
Vergessen ist die ausgeglichene Abwesenheit. Ich
bin in mir und in den Gedanken gefangen. Schmerz
verzaubert den Tag. Fühle das Ende schwach. Gute
Gefühle sind nicht immer gut. Sei ein besserer
Mensch und wähle mich. Mit den niedrigsten
Instinkten zu führen ist die Kunst. Und den
Schmerz des Lebens herausschreien. Wenn du
aufgibst, glaube ich. Es ist ein achtsamer Flug.
Oder haben Sie mich gesehen und sind Sie auch
beliebt? Die schmutzigen Fingernägel sehen einfach
nicht gut aus und denken über das Denken bringt
nichts und die Sauberkeit vergeht und Sie können
sich wieder über die Zukunft den Kopf zerbrechen

oder gibt es auch gegensätzliche Stimmen in dir
und du warst schon immer und willst immer
aufgeben und gibst dich ganz her und du bist. Das
Schwein geht nach Hause. Das Kind wird älter. Der
große Meister fällt auseinander. Liebkosungen
werden ausgetauscht. Angenommen und verloren.
Grüße und ein herzliches Willkommen. Die
Würmer fressen sich durch deinen Kopf. Der
heilige Gesang wird leiser. Wo sind sie nur?
Schlafen sie schon? Sie verschwinden in der
Dunkelheit. Alles scheint ruhig und einsam. Du
kannst es nicht ändern. Ich habe mich schon satt
gegessen und bin immer noch hungrig auf mehr,
mein Magen ist schon voll, aber meine Zunge leckt
nach mehr. Es gibt etwas Schönes an
Familientreffen. Meine Oma plaudert aufgeregt mit
anderen Menschen. Meine Oma ruht sich auf dem
Friedhof aus und das gekochte Rindfleisch
schmeckt wie immer grauslich. Die Tage kommen
und die Erde wird deine letzte Ruhestätte sein.
Vielleicht werden dann keine Nachspeisen mehr
gegessen und vielleicht werden die Kinder noch
lauter lachen als jetzt. Sei nicht sentimental, es wird
nichts mehr von dir übrig sein und die nächsten
werden Platz brauchen. Und die Tempelglocke
läutet.

35. Der Tag

Der Tag hat schon lange nicht mehr begonnen.
Zumindest glaube ich das. Die Schuhe drücken auf
die Zehen. Sie dürften eine Nummer zu eng sein.
Es tut weh und lenkt mich ab. Mein Gesicht dreht
sich. Und du entschuldigst dich für deine
Probleme. Es gibt kein Treffen. Kommen Sie her
und umarmen Sie mich. Es wird nichts nützen, aber
es ist schön. Finde Freunde und finde etwas Gutes
im Leben. Die Zeit vergeht schnell. Und du kannst
immer noch nichts fangen. Ich habe immer gehofft.
Erforscht wieder viel vom Tag haben. Und
manchmal bekommt man Besuch. Was möchten
Sie verstehen, das System der Natur oder Ihr
Lieblings-Gegenstück, oder zumindest greifen Sie
selbst in Ihren Rucksack und holen Ihr Jausenpaket
heraus. Sie werden das richtige Muster finden und
Sie werden nichts damit anfangen wollen. Nutzen
Sie den Trick der unterschiedlichen Perspektiven
und schlüpfen Sie von einer Person zur anderen.
Als ob das Ihr Selbstzweck wäre, fangen Sie an, ein
schönes Lied zu singen, zeigen sie sich fast nackt
und werden trotzdem ignoriert. Dann rennt man
los und schnappt sich so viel Gepäck wie möglich,
um noch mehr dabei zu haben und ist froh, es
gehortet zu haben. Ich fessle mich und frage jeden

in dieser Enge und höre nichts, aber ich fühle mich nicht unwohl. Das Ich scheint schön und glaubt wieder an das Höhere, wie alle anderen auch, und an Verständnis und Glück. Und doch verliert man sich. Man erstickt. Die Haut wird kalt. Die Nasenspitze wird langsam blau. Der Tag schmeckt süß. Die Liebe gibt sich mir hin. Kann nichts mehr ertragen. Uns fällt es schwer, eine Meinung zu haben. Der Geruch wird intensiver und ätzender. Ein Schauer geht schräg über den Betrachter. Meinungen werden lebendig. Der Schweiß schmeckt eklig. Und man ist tot. Nach vielen Gesprächen schlief ich ein und versuchte, mich mit den neuen Wahrheiten zu arrangieren. Ich wollte auch etwas sagen, aber niemand hörte mir zu oder sagte etwas zu meiner Meinung. Der tiefe Schlaf erholte mich und die Stimmen wurden leiser, eigentlich verstand ich nichts mehr, aber ich wollte trotzdem mit Ihnen reden und dabei sein. Es wurden viele Sätze gesagt, vor allem über das richtige Verhalten, um andere besser zu verstehen. Ich fühlte mich auch von unten nach oben krank, von den nassen Lippen und dem Spieß, der durch die Luft flog. Kann mich nicht um die Freundlichkeit kümmern, die ich mir erhofft hatte, Schlaf ist das beste Heilmittel. Nehme einen Schluck Gift, mir ist schlecht, und schaue mir den Wortstapel freundlich und tief an. Zu tief.

36. Endlich

Endlich taucht ein Gedanke mit Bedeutung auf,
ganz kurz und leise, fliehen und den Geist leeren
und tief durchatmen und dem Leben einen
künstlichen Sinn geben. In der Nachbarwohnung
dröhnt das Klavier. Die Nachbarn drehen ihre
Stimmen auf. Diskussionen werden angeheizt.
Wenn Sie starke Gefühle haben, gehören Sie dazu.
Lassen Sie sich feiern und Sie werden ein Held sein.
Schauen Sie in all die Gesichter und sagen Sie ja.
Der nächste Tag wird kommen. Und das Glück
kann wieder klein sein. Du schenkst dir einen
neuen Tag. Alle Heiligkeit verschwindet in der
Meditation. Wenn ich umkippe und im Boden nach
Luft schnappe, kurz diskutiere, aber irgendwie
nicht gehört werde, mein Mund kaut nassen
Schlamm, der Tag klingt freudig im Herzen und das
Hinlegen passt zu mir, meine Finger bohren Löcher
in den Boden und der Tag ist nun geschafft. Die
Brust fühlt sich eingeengt an, manches ist nicht
geklärt und breitet sich vom Magen in die Kehle
aus, es wird wieder einen Anfang geben und ich
gönne mir ein Eis. Begrüßungen sind nicht mehr
meine Gewohnheit, Dialoge hinterlassen einen
schlechten Beigeschmack und doch werde ich
entspannter. Meine Hintergedanken ertrinken im

Sumpf der vielen Ansichten, aber ich schlecke trotzdem genüsslich das Eis und frage mich, ob die Angst nachlässt. Morgen kann man vielleicht tief durchatmen und neue Lebenspläne schmieden. Durchatmen und schlüpfen. Ich renne herum und rufe den Kollegen lustige Sprüche zu, die Haltung entspannt sich ein wenig, das Laufen macht müde. Keiner sieht, ob der Ofen noch an oder schon aus ist, aber es wird auf jeden Fall heißer sein. Ich hörte immer noch zu und war erstaunt über die gereimten Aussagen und derben Sprüche. Mein Magen knurrte und der Hunger beherrschte meinen Kopf. So sollte der Wahnsinn beginnen, wichtige Dinge in der Umgebung und eine kleine dominante Sache. Ein guter Anfang in dieser Umgebung. Die Verabschiedung ist besonders tröstlich. Das Ohr wurde von den vielen Worten verstopft. Die Münder bewegen sich auf einen zu. Ich weiß nicht, was morgen ist. Die Zuneigung ist auch eine Zuneigung. Stehe wieder auf. Alles hat einen Sinn. Wir haben alles Neue in unseren Herzen eingeschlossen. Komm her und finde mein Glück. Ich freue mich, dir ein Stück zu geben. Du wurdest viele Stunden lang versorgt und warst hungrig. Ich werde heute nicht satt. Auch der Durst hat kein Ende. Wir Menschen lassen Dampf ab. Gewitter reizen uns nicht. Die Nase wurde blutig geschlagen. Und das Geschrei geht uns auf die Nerven. Alle Freunde sind verloren gegangen.

37. Vom Sein

Vom Sein verwöhnt, bekenne ich oft den Schein
und mache neue Pläne, es gibt einen Berg, den ich
besteigen werde und dann werde ich mich
verstehen oder nicht und ich bin hier und reibe den
Dreck aus den Zwischenräumen meiner Zehen und
bin glücklich. Du liegst erfroren im Rinnsal und
zählst deine Finger, alle sind da und du siehst müde
aus. Die Nacht war kalt, die Begegnungen waren
erfolglos und der Geist des Weines lastete in mir, es
gab nicht viel zu sagen. Ich habe es wirklich
genossen und bin stolz darauf, ich habe wirklich
gesoffen und bin stolz darauf. Stolz, sehr stolz und
glücklich. Gut eingespielte Tage beurteilen uns und
finden die Freiheit so gut, zu trinken und zu essen
und ein Schwein zu sein. Die Beziehungen, die
gefallen und der große Schluck, das Recht zu
bleiben, machen dich treu. Buddhistische
Sinnfinder brechen auf und beißen sich an ihren
Nägeln, Befehle, die befolgt werden müssen, und
lachen für den Rest des Tages. Taumeln kalt nach
Hause und suchen nach dem Türschlüssel. Das
Nest ist leer. Der Hund hat Ihnen ans Bein
gepinkelt. Das Geschlecht hängt schwer. Die Nässe
nimmt die Kälte mit. Ihr Sinn und Glaube bröckelt
schnell. Das Bein wird unwichtiger. Du rennst

gegen deine Wand. Und Sie schlagen sich die Nase blutig. Aller Anfang ist schwer. Langsam trocknet die Hose. Und langsam trocknet das Blut im Gesicht. Die Unterhaltungen werden wieder lauter. Alle kommen zusammen. Und reden wie wild miteinander. Die Vergangenheit verschwindet. Der Gesang klingt hoch. Abgehackte Spinnereien liegen in der Schüssel zum täglichen Essen. Die Eitelkeit wuchert und produziert dicke Geschwüre, die Sonne grillt die braunen erhabenen Gesichtskonturen schwarz. Es wird kalt auf dem Rücken, wo niemand hinschauen kann, und alle Fragen sind schnell beantwortet, nichts wird uns geschuldet, alles hängt von einer guten Meinung ab oder man glaubt fest an eine gute Meinung. Du brauchst dein Herz nicht zu verschließen, sei bereit für alle Gefühle, denn ich will sagen, dass ich lebe und auch stolpere. Aber seien Sie eitel und lassen Sie sich anschwärzen und atmen Sie tief durch. Spuckt den Schleim aus der Lunge, alles ist nicht so, wie wir dachten. Töte Buddha endlich. Spucke auf das Gesicht. Kuchen klebt an den Pobacken. Ich habe gegrunzt und lächle meinen Meister an. Wir verbrüdern uns jetzt schnell. Die Zeit hat nichts mit uns gemacht. Wer wird denn gleich böse sein? Wie geht es Ihnen? Wie gut kannst du warten?

38. Wir werden sehen

Wir werden sehen. Was wird uns glücklich machen? Willst du eines Tages wieder tief durchatmen? Die Drogen dämpfen uns. Nichts, was man verlieren kann. Alles bleibt, wie es ist. Wir treffen uns in neutralen Räumen. Wache auf und sei mein. Es gibt nichts zu verstehen. Alle Zeiten löschen. Die Tage und Abende sterben aus. Die Trunkenbolde schließen sich zusammen und haben sich neue Ziele ausgedacht, wollen geachtet werden und alles schaffen, sind am richtigen Ort und nehmen dich mit und kennen keine Gnade, verrückt und normal und verstrickt. Haben eine gute Vorstellung von den Schönen, vor allem groß und schlank und dann lustig und nett und dann jung und unscheinbar und am besten gehört. Der Sumpf betrifft uns alle, sagte er, und er steckt immer noch fest. Der gute Charakter war schnell vergessen und damit auch die starke Persönlichkeit, die diese Figur wurde. Man saugt die bleierne Luft ein und nickt stur, der Zeigefinger gehört in den Hintern gesteckt und man schaut auf den Namen. Was ist es dann? Mit Meinungen herzlich präsent zu sein, die Schüler auseinander zu schreien ist etwas Leichtes und ich kenne dich. Das Gegenüber wird erschreckend groß und es gibt keine Gnade, alle trinken. Der

Regen gehört dazu, die Stille ist der Hauptbestandteil der Stimmung, schön und hässlich, das ist gut. Ein Ohrwurm breitet sich unaufhörlich im Kopf aus. Es gibt keine Gnade. Ein beachtlich großer Geist gibt nicht auf. Er reizt andere feine Geister nicht. Zuhören ist eine Höflichkeit. Um bald wieder weg zu sein. Die gute Stunde finden. Was müssen Sie fragen? Verlieren Sie Ihr Gegenüber nicht. Sonst machen sie zu. Oder zumindest geht es weiter. Meine wunden Füße brauchen ein Bad. Die Hornhaut wird weicher. Atmen Sie tief durch und erleben Sie alles noch einmal. Nichts ist umsonst und man muss dafür bezahlen. Kümmern Sie sich mit Feingefühl um den langsam sterbenden Körper. Ich warte auf dich und du wirst nicht kommen. Und die Freiheit, an die man glaubt, gibt es nicht. Glaube trotzdem daran. Und werden dabei alt. Die Füße werden langsam faltig. Die Hitze steigt mir in den Kopf. Ich bin schon lange nicht mehr glücklich. Freunde klingeln an meiner Tür. Ich höre nicht zu und meine Füße lösen sich auf. Das Selbstvertrauen geht verloren. Das ganze Sein bricht in sich zusammen. Selbst starke Gedanken sind nicht mehr hilfreich. Und am Ende hat man Spaß. Und gibt irgendwann auf. Das Unkraut und der Salat sprießen, wir haben genug Dünger hinzugefügt und sind zu allem bereit. Der Krampf in der linken Gesichtshälfte lässt langsam nach, man hat vielleicht versehentlich am Kunstdünger gelutscht und wird dadurch krank. So ist das mit der reichen

Ernte, nicht immer ist alles perfekt, der Wunsch nach mehr ist die Grundlage. Schauen Sie sich das wild wachsende Feld an. Massieren Sie die fast tote Gesichtshälfte gut ein und beginnen Sie eine Diskussion mit den Ganzheitsdenkern. Sie kaufen sich in Sie ein und wollen Interesse sehen und Sie sollten schnell Ihr gutes Gesicht aufgeben. Gewinnen und verlieren Sie schneller, Sie können einen Krampf in der anderen Gesichtshälfte oder im Herzen bekommen, aber zerstören Sie sich nicht komplett, sonst können Sie keine Zinsen zahlen. Und der Glaube im Alltag verschwindet schnell, die Vergangenheit kennt man auch nicht, das Geschäft zählt und der Glücksbringer ist der Dünger. Stärken Sie Ihr Leben und finden Sie neue Meister, helfen Sie sich gegenseitig, das Leben bringt unbeschreiblichen Gewinn und kleine Schmerzen werden erträglich. Ein fruchtbarer Geist. Ich habe mich nicht getraut, etwas zu sagen, habe mich versteckt und mein Leben genossen und immer wieder an meinem eigenen Gestank geschnuppert. Vielleicht ist die Glückseligkeit da, gehe wieder zurück, direkt in das dunkelste Loch, zähle meine Gedanken ab und lebe sie aus. Mit Worten schlampig spielen und die Verwundbaren manipulieren und auffangen und mit Worten Hoffnung auf die glorreiche Zukunft finden. Wachen Sie nachts kurz auf, schauen Sie auf den Wecker und sehen Sie eine Zeit, die Sie bald vergessen werden. Die ungeklärten Probleme des Tages zucken in den Muskeln, man muss nicht mehr nachdenken, man mag die schnelllebige Welt und ist damit auch recht erfolgreich. Sie können die wenigen unbekannten Schweinereien mit sich selbst vergleichen und Ihre eigene wird sicherlich intensiv geprüft. Sie können sich jederzeit zu Wort melden und haben eine schnelle Antwort parat. Vergessen Sie Ihre Lücken, ab morgen haben Sie keine mehr und Sie sind nicht mehr hier auf der Welt, sondern unter der Erde. Oder sind Sie schon perfekt geworden?

Ein ewiges Buddha töten